BEI GRIN MACHT SICH IHR WISSEN BEZAHLT

- Wir veröffentlichen Ihre Hausarbeit, Bachelor- und Masterarbeit

- Ihr eigenes eBook und Buch - weltweit in allen wichtigen Shops

- Verdienen Sie an jedem Verkauf

Jetzt bei www.GRIN.com hochladen und kostenlos publizieren

GRIN ☺

Lasse Herbers

Die US-Amerikanische Stadt

Typische Strukturen und Entwicklungen

GRIN Verlag

Bibliografische Information der Deutschen Nationalbibliothek:

Die Deutsche Bibliothek verzeichnet diese Publikation in der Deutschen National-
bibliografie; detaillierte bibliografische Daten sind im Internet über http://dnb.d-
nb.de/ abrufbar.

Dieses Werk sowie alle darin enthaltenen einzelnen Beiträge und Abbildungen
sind urheberrechtlich geschützt. Jede Verwertung, die nicht ausdrücklich vom
Urheberrechtsschutz zugelassen ist, bedarf der vorherigen Zustimmung des Verla-
ges. Das gilt insbesondere für Vervielfältigungen, Bearbeitungen, Übersetzungen,
Mikroverfilmungen, Auswertungen durch Datenbanken und für die Einspeicherung
und Verarbeitung in elektronische Systeme. Alle Rechte, auch die des auszugsweisen
Nachdrucks, der fotomechanischen Wiedergabe (einschließlich Mikrokopie) sowie
der Auswertung durch Datenbanken oder ähnliche Einrichtungen, vorbehalten.

Impressum:

Copyright © 2003 GRIN Verlag GmbH
Druck und Bindung: Books on Demand GmbH, Norderstedt Germany
ISBN: 978-3-640-23361-8

Dieses Buch bei GRIN:

http://www.grin.com/de/e-book/119341/die-us-amerikanische-stadt

GRIN - Your knowledge has value

Der GRIN Verlag publiziert seit 1998 wissenschaftliche Arbeiten von Studenten, Hochschullehrern und anderen Akademikern als eBook und gedrucktes Buch. Die Verlagswebsite www.grin.com ist die ideale Plattform zur Veröffentlichung von Hausarbeiten, Abschlussarbeiten, wissenschaftlichen Aufsätzen, Dissertationen und Fachbüchern.

Besuchen Sie uns im Internet:

http://www.grin.com/

http://www.facebook.com/grincom

http://www.twitter.com/grin_com

Universität Flensburg

Institut für Geographie und ihre Didaktik,

Landeskunde und Regionalforschung

Seminar: USA – ausgewählte Themen für einen fächerübergreifenden Erdkundeunterricht

Ausarbeitung zum Referat:

Die US-Amerikanische Stadt
Typische Strukturen und Entwicklungen

von

stud. paed. Lasse Herbers

Gliederung

„ Die endgültige Lösung wird es sein, die Stadt zu verlassen, auf die Fehlentwicklung

menschlicher Siedlungen zu verzichten. Wir werden das Problem Stadt lösen, indem wir ihr

den Rücken kehren."

(Henry Ford, 1922)

A Einleitung

1 Die Bedeutung des Themas für den Unterricht

Der Themenkomplex „nordamerikanische Stadt" ist fest verankert im Lehrplan des Landes Schleswig-Holstein für die 8. Klasse und ist daher auch in Schulbüchern, Schulatlanten, wissenschaftlichen Arbeiten und anderen Publikationen wiederzufinden.

Eine Annäherung an dieses Thema und auch die Vertiefung muss sich nicht nur auf das Fach Erdkunde beschränken. Auch die gesellschafts-politischen Fächer Geschichte, Wirtschaft/Politik, Religion und Philosophie bieten in der Klassenstufe 8 verknüpfbare Inhalte, manchmal sind sie als Vermittler von Basiswissen unverzichtbar, zum Beispiel bei der Geschichte der USA. Im Fach Englisch beschäftigen sich die Schüler auch mit Landeskunde der USA und mit Alltagserlebnissen aus den USA.

Nicht nur die Schule vermittelt Wissen (oder vermeintliches Wissen) über die Städte Nordamerikas, die Schüler können zudem auf Medieneindrücke, in selteneren Fällen auf Reiseerlebnisse, zurückgreifen. Die USA als dominierende Weltmacht in Politik, Militär, Wirtschaft und Kultur ist omnipräsent in allen Medien mit unterschiedlichsten Betrachtungsweisen.

Auftrag der Schulbildung muss sein, solches vorhandenes Wissen aus dem Alltag der Schüler aufzugreifen, zu unterfüttern und festigen, gegebenenfalls zu korrigieren, um dann das Wissen anwenden zu lassen an Beispielen, Modellen und Vergleichen.

Der Bezug zur umgebenden Wirklichkeit und der Vergleich ermöglichen erst das Erkennen von Unterschieden, Gemeinsamkeiten und Problemen, auch eigenen.

2 Ziel des Referats und der Ausarbeitung

In meiner Arbeit werde ich zunächst Fachwissen zum Themenkomplex darstellen und dieses bewerten mit Blick auf die didaktische Bedeutsamkeit und die Umsetzungsmöglichkeiten im Unterricht. Aus dieser Bewertung ergeben sich dann Vorschläge für den fächerübergreifenden Unterricht.

Ich möchte insbesondere darauf hinweisen, dass es unzählige Möglichkeiten gibt, sich mit dem Thema „US-amerikanische Städte" fächerübergreifend zu beschäftigen. Die Herangehensweise aus einem anderen Fach ermöglicht für Schüler und Lehrer neue Betrachtungspunkte, Sichtweisen, Erkenntnisse, Arbeitsmethoden und Unterrichtskonzepte. Zudem besteht die Hoffnung, eine besondere Motivation zu schaffen, indem die *normalen Wege* verlassen werden.

B Sachliche Analyse

1. Historische Entwicklung und damit verbundene Besonderheiten

Die nord-amerikanischen Städte sind im Vergleich zu europäischen oder orientalischen Städten bedingt durch die erst späte Kulturprägung relativ jung.

Zwar gab es wie in Südamerika auch Siedlungen und Städte von „indianischen" Ureinwohnern. Doch diese können vernachlässigt werden, da sie überformt, verdrängt oder zerstört wurden und nicht mehr Merkmal prägend sind. Die heutigen Siedlungen der indigenen Völker in den Reservationen sind zumeist kleinstädtisch und in verhältnismäßigem schlechten Zustand oder auch Slum-artig.

Die USA waren bis zum Ende des 19. Jahrhunderts überwiegend agrarisch geprägt, im Osten entstanden aus Gründersiedlungen Hafenstädte, im Landesinneren erschlossen Siedler das Land und gründeten Siedlungen und Städte, im Nordosten bildeten sich dann in Folge der Industrialisierung großstädtische Ballungsgebiete.

Die gegründeten Städte wurden nach Schachbrett-Muster („gridiron pattern") angelegt, um eine leichtere Orientierung zu ermöglichen, dabei wurde die Siedlungsfläche in Quadrate von etwa 100x100 Meter eingeteilt. Der Straßenverlauf war gerade und orientierte sich nach den Himmelsrichtungen. Es mussten keine historischen Bausubstanzen beachtet bzw. überwunden werden, auch Verteidigungsanlagen entfielen, wie sie in Europa historisch gewachsen waren.

„Das ganze Land erscheint geometrisch streng nach West-Ost- und nach Nord-Süd-Linien aufgeteilt. (...) Oft scheinen alle topographischen Besonderheiten des Geländes ausgelöscht. Die Grundlage dieses Vermessungssystems ist ein Netz von Meridianen als Nord-Süd-Achsen und west-östlichen Grundlinien. Zu diesen Grundlinien werden Parallelen jeweils im Abstand von sechs Meilen gezogen. Dadurch entstehen lauter Quadrate von sechs Meilen Seitenlänge.

4

Diese Quadrate von (...) also 36 Quadratmeilen werden *townships* genannt. (...) Die townships (...) werden nun wieder in 36 Quadrate zu jeweils einer Meile Seitenlänge geteilt. Eine solche Quadratmeile wird *section* genannt. Jede dieser Sektionen kann man nun wieder in halbe, Viertel-, Achtel-, Sechzehntel-Sektionen einteilen." [1]

Zudem spiegelte sich in der Anordnung von Gebäuden, Plätzen und Straßen das gesellschaftliche System wieder: öffentliche Gebäude besonders hohen Ranges wurden entlang von Achsen oder an Plätzen angeordnet, und stellten so zum Beispiel die Gewaltenteilung in Exekutive, Legislative und Judikative dar. Vorherrschend bei diesen Gebäuden war der klassisch griechische Stil der Antike.

Für die heutige Zeit bringt das orthogonale System jedoch Probleme für den Verkehr mit sich. Neben dem einheitlichen Grundriss entwickelte sich allerdings ein sehr unterschiedlicher Aufriss, da es keine gesetzlichen Vorschriften für die Bebauung gab.

Die Erschließung und Besiedlung Amerikas wird oft im Geschichtsunterricht (Klasse 7 oder 8) und ebenso im Englisch-Unterricht (Klasse 7 und 8) behandelt. Wenn durch diese Fächer bereits Basiswissen vorhanden ist, dann kann sich im Erdkunde-Unterricht auf geographische Aspekte konzentriert werden.

Ein Beispiel dafür ist in TERRA 8[2] zu finden (Seiten 66 und 67): Ein Augenzeugenbericht vermittelt Authentizität und ermöglicht Empathie, ein aussagekräftiges Bild unterstützt den Text. Davon ausgehend können die Schüler Flurformen in den USA verstehen und so den Sinn erkennen und u. U. darüber diskutieren.

Eine Möglichkeit sich mit dem Grundriss im Stadtbild zu beschäftigen sind Kartenarbeiten: die Schüler können auch ohne Kartenerfahrung sofort die quadratische Aufteilung erkennen. Mit einer Karte von Washington, wie zum Beispiel aus der CORNELSEN AKTUELLE LANDKARTE[1], lässt sich neben dem markanten Grundriss auch eine städtebauliche Anordnung von wichtigen Gebäuden und Straßen erkennen.

2. Die US-Amerikanische Stadt im Wandel

Mit fortschreitender Erschließung Amerikas wuchs auch das Netz der Siedlungen und Verkehrswege im 19. Jahrhundert. Aufgrund von hohen Immigrationszahlen, Landflucht und der Industrialisierung wuchsen die Städte ungeheuer schnell.

---

[1]   RIEGE, S.111
[2]   TERRA, 1987

5

Das 20. Jahrhundert war schließlich von Verstädterung geprägt.[2] So waren 1870 nur 27,5% der Bevölkerung städtisch[3], heute leben 80,3% in Metropolitangebieten.[4]

Stärker als die Stadtbevölkerung ist die Siedlungsfläche angewachsen, da sich der Flächenbedarf aufgrund von vermehrter Eigenheimbebauung, Bebauung mit großen Einkaufszentren, Industriekomplexen und großen Verkehrs- und Erholungsflächen innerhalb eines Jahrzehnts verdreifacht hat. Heute kann man eine Konzentration von Wolkenkratzern im Zentrum erkennen, in denen sich hauptsächlich Büros und deren Folgeeinrichtungen wie Restaurants, Hotels etc. befinden. In den letzten Jahren haben sich die Stadtzentren jedoch zugunsten der Stadtrandzonen entleert[5] und die Randgemeinden im „Metropolitan Ring" außerhalb der Grenzen der Kernstadt gewannen an Bevölkerung.[3]

Der Niedergang der Kernstädte setzte etwa um 1970 ein. Die wirtschaftliche Rezession der Industrie, die fortschreitende Technologisierung und die Weiterentwicklung und der Ausbau des Verkehrsnetzes führten zu Standorten außerhalb der Stadt. Da sich mit dem Standort der Industrie und dem Dienstleistungssektor auch der Standort der Mehrzahl der Arbeitsplätze veränderte, zog ein großer Teil der Stadtbevölkerung in das Umland. 1960 lebten noch etwa gleich

viele US-Amerikaner in den Kernstädten, in den Vororten und auf dem Land. 1980 lebten bereits 60% der Bevölkerung in Vororten.[6]

Das Verkehrsnetz wurde ausgebaut, die individuelle Motorisierung stieg an und die Kommunikationsmittel verbesserten sich, doch vor allem der den US-Amerikanern nachgesagte Lebensstil, welcher durch Mobilitätsbereitschaft, Vorliebe für Innovationen und Freude am Individualismus gekennzeichnet ist, bringt die Menschen dazu, aus der Stadt in Vororte zu ziehen, um scheinbar freier und unabhängiger zu sein.

Nach und nach verlagerten sich die Funktionen der Stadt immer mehr ins Umland, so dass die neuen Stadtkerne im Stadtumland an Bedeutung gewannen und heute als „Edge Cities" als fast unabhängige Zentren anzusehen sind.[1]

---

1   Cornelsen Aktuelle Landkarte 4/96
2   Nach: ERTEL, GRIEHL u.a., S. 105f
3   nach: HOFMEISTER, FRIESE
4   nach: HEINEBERG [Stand 2000; absolut 226 Mio Einwohner]
5   Nach: HOFMEISTER
3

6   nach FOX, S. 51

Der Strukturwandel in den alten Industriestädten erfolgte ebenso wie in den Staaten auch im Rest der (westlichen) Welt. Das Ruhrgebiet musste sich ebenso verändern, wie die Industriegebiete um Manchester oder um Chicago. Bedeutsam war der amerikanische Wandel wegen seiner Größenordnungen: weil, anders als in Europa, ausreichend Platz zur Verfügung steht hat die Suburbanisierung, Ausdehnung und Verlagerung städtischer Funktionen viel größere Raumrelevanz und einen viel stärkeren Einfluss auf die alltäglichen Lebensgewohnheiten.

Der moderne Wandel zur Dienstleistungs- und Wissensgesellschaft findet auch in Deutschland statt; im Unterricht kann auf Gefahren und Risiken ebenso hingewiesen werden wie auf die Möglichkeiten, die sich für die Schüler bieten.

Da der Wandel der deutschen Industriegebiete bereits in Klasse 5 im Erdkunde-Unterricht behandelt wird, kann man darauf zurückgreifen (erst in Erinnerung holen!) und Vergleiche anstellen.

Neben der *klassischen* Betrachtung einer Stadt als Beispiel [siehe Vorschläge für den Unterricht: Cleveland] lässt sich auch der US-amerikanische Lebensstil untersuchen, um so Rückschlüsse auf räumliche Auswirkungen zu ziehen und zu verstehen. So ist die, den US-Amerikanern nachgesagte, Mobilität und Flexibilität ein wichtiger Faktor für die Suburbanisierung. In einer Abbildung wie von BLUME[2] können Schüler erkennen, welch kurze Verweildauer viele Haushalte haben.

3. Modelle der Stadtentwicklung

Modelle zeigen in abstrahierter Form komplexe Inhalte und bieten allgemeine Vergleichsmöglichkeiten sowie weiterführende Aspekte. In vielen Schulbüchern werden auch Stadtentwicklungsmodelle abgebildet. [zum Beispiel: MENSCH UND RAUM 7/8, S. 109[3], oder: TERRA 8, S. 79[4]] Um den Schülern die Quintessenz eines solchen Modells vermitteln zu können, muss der Lehrer über fundiertes Hintergrundwissen verfügen. Dieses Theoriewissen ist gewissermaßen das Rückrat bei der didaktischen Reduktion.

Die Modelle der Stadtentwicklung in Nordamerika lassen sich in zwei Gruppen einteilen:

---

[1]   nach : KNOTH, STRICKER
[2]   BLUME, 1979, S. 326
[3]   MENSCH UND RAUM 7/8
[4]   TERRA 8

1 *die klassischen sozialökologischen Stadtmodelle.* Sie entstammen der stadtsoziologischen „Schule von Chicago" der 20er Jahre des 20. Jahrhunderts. Sie zeigen Ansätze des sich später entwickelnden typischen Stadtlandes, sind aber heute zu wenig differenziert und veraltet;

2 *die modernen Stadtentwicklungsmodelle* hingegen zeigen die heutigen Erscheinungen nach dem Strukturwandel.

4. Klassische Modelle

Sozialökologische Stadtmodelle beschäftigen sich mit sozialen, demographischen und ethnischen Ungleichsverteilungen der städtischen Wohnbevölkerung.

In den 20er Jahren des letzten Jahrhunderts gelang es dem Soziologen Robert E. Park Mitarbeiter für sein Forschungsprogramm einer Humanöklogie zu begeistern, ihr empirischer Hintergrund war die Industriestadt Chicago.

Die „Schule von Chicago" erarbeitete detailreiche Studien der verschiedenen Stadtteile und deren Subkulturen und sie entwickelte das erste Konzept der Stadtsozialökologie, nachdem eine Stadt in verhältnismäßig homogene Teilgebiete zerfällt, die durch eine jeweils besondere soziale, wirtschaftliche und kulturelle Charakteristika der Wohnbevölkerung ausgezeichnet sind.

Diese Stadtteile sind dabei zunächst „natürliche Nachbarschaften", die auch natürlich begrenzt sind, zum Beispiel durch Straßen, Flüsse, Parks, Eisenbahnlinien, etc. *Doch* diese städtische Gesellschaft ist durch ein Spannungsverhältnis gekennzeichnet zwischen dieser natürlichen Ebene und einer kulturellen oder sozialen Ebene.

Durch die steigende Urbanisierung kommt dieses Spannungsverhältnis in Bewegung und es beginnt in Anlehnung an den Sozialdarwinismus ein Kampf der Individuen ums Überleben gegenüber der Gesellschaft, in dessen Folge neue soziale, nicht mehr natürliche Nachbarschaften entstehen.

4.1.Zonenmodell von Burgees

Das Modell ist um den Stadtkern konzentriert, der in Chicago als „loop" bezeichnet wird, dies entspricht dem US-amerikanischen „Central Business District" (CBD), dem deutschen „City"-Begriff oder dem britischen „City-Centre". Der CBD ist der Mittelpunkt der Stadt in wirtschaftlicher, kultureller und politischer Hinsicht und er ist der Standort des tertiären Sektors.

Alle Nutzungen in den heutigen Zonen waren zu einem früheren Zeitpunkt innerhalb des loops vereint. Die Ausdehnung der Stadt verläuft vom Zentrum zum Rand und zwar gleichmäßig, also in Kreisen, dadurch bilden sich konzentrische Zonen. Bei der Ausdehnung dringen die Nutzungen einer Zone jeweils in die nächste Zone ein (Invasion). Je größer eine Stadt wird, desto stärker wird die Differenzierung von verschiedenen Arbeiten und Wohn- und Arbeitsbevölkerung (Segregation), wobei der soziale Rang der Wohngebiete zur Peripherie hin ansteigt.

An den CBD schließen sich drei Zonen an:

1. Die *Übergangszone* ist eine Zone des Verfalls und der Verelendung. In der Gründerzeit war dieses die Zone der Stadtindustrie, sie ist nun durch leer stehende, verfallende Fabrik- und Nebengebäude gekennzeichnet. Die Sozialstruktur ist geprägt von Desintegration, hoher Kriminalität, Kleinhaushalten, Massenquartieren, Prostitution und Rauschgifthandel; es überwiegen arme und alte Leute und Schwarze.

2. In den *Arbeiterwohngebieten* stammen die Gebäude aus der Zeit der Jahrhundertwende (1900), die zumeist Einfamilienhäuser wurden aufgeteilt; Besitzer sind nicht dort lebende Großbesitzer; die Bausubstanz ist wenig gepflegt. Hier sind die einzelnen *Viertel der Zuwanderungsethnien*, wie zum Beispiel Italiener, Polen, Ungarn, Mexikaner, etc.

3. In den *Einfamilienhausgebieten* wohnen die Mittelschicht und die Oberschicht, so weit sie nicht weiter raus aufs Land gezogen sind. Entlang der Hauptstraßen gibt es eigene Geschäftsviertel.

Außerhalb dieser Zonen beginnt der Pendler- bzw. Umlandbereich, er ist administrativ unabhängig von der Stadt, aber es gibt Beziehungen zur Stadt.

Das Modell in TERRA 8 (S.109, Abb.2) hat (weiterentwickelte) Züge des Burgees-Modell: Es gibt zwei Ringe, direkt an der City liegen die Ghettos, in den Vororten entstehen neue Einkaufsmöglichkeiten.

4.2 Sektorenmodell von Hoyt

Während Burgees von der grundlegenden Hypothese der Verdrängung von Nutzungen vom Zentrum zur Peripherie ausging, richtete sich das Interesse von Hoyt auf die Verdrängung der Lage der Oberschicht.

Er untersuchte im Auftrag einer Wohnungsbaufirma 30 US-Städte und entdeckte ein sektorales Verteilungsmuster der „besseren" Gegenden, sowie deren Verlagerung vom

Zentrum immer weiter zum Rand. Das heißt, dass die Oberschicht nicht wie bei Burgees in einem äußeren Ring wohnt, sondern nur in bestimmten Sektoren, die aber immer weiter nach außen gedrängt werden.. Hierbei kann allerdings auch ein teilweise physischer Zusammenhang entdeckt werden, da sich nämlich diese Gebiete entlang besonderer Straßen, Täler oder Flussläufen oder zu höher gelegenem Land hin konzentrieren. Wenn ehemals bevorzugte Wohngebiete verlassen werden, dringen sozial niedriger gestellte Bewohner in diese ein, während die sozial höher Stehenden in den nächsten Sektor drängen oder bislang unbebautes Land neu erschließen, so richten sich die Sektoren der besseren Gegenden immer in Richtung auf freies, außen gelegenes Land.

In der Abbildung von BLUME (S.341)[1] erkennt man, wie das Stadtwachstum entlang bestimmter Linien (besonders Bahnlinien) voranschreitet und wie sehr sich die Stadtfläche vergrößert.

4.3 Mehrkernmodell von Harris/Ullmann

Harris und Ullmann gehen davon aus, dass es entsprechend den verschiedenen Anforderungen von städtischen Nutzungen von vornherein zu einer mehrkernigen Stadtstruktur kommen muss, wobei sich in Abhängigkeit von Stadtgröße und Lage Bereiche unterschiedlicher Nutzung herausbilden, wie zum Beispiel Regierungsviertel, Bankenviertel oder Hafenviertel. Es geht also nicht um die unterschiedliche Verteilung verschiedener Sozialschichten in Räumen, sondern um eine räumliche Differenzierung des Arbeitsstättensektors. Dabei stellen sie gleichzeitig aber eine asymmetrische Entwicklungsrichtung des CBD hin zu den „besseren" Gebieten fest. Des Weiteren konzentrieren sich Arbeiterviertel auch eher hin zu den jeweils spezifischen Arbeitsstättenvierteln. Allerdings sind die wirklichen Kerne der Bereiche nicht klar herausgefiltert, sondern es besteht nur die Annahme, dass ein jeder besonderer Bezirk auch ein Kern hat.

5. Moderne Modelle

Zwar geben die klassischen Modelle bereits Ansätze der Viertelbildung und der Suburbanisierung, doch aufzeigen konnten sie die modernen Entwicklungen nicht. Heute entscheidend ist zwar auch noch die Segregation nach sozialem Status und nach Hautfarbe, bedeutender aber ist der Strukturwandel und die Suburbanisierung mit der Herausbildung der „Edge Cities".

---

[1]   BLUME, 1979, S.341

5.2 Modell der Viertelbildung (nach Holzner, 1972)

Die Kernstadt ist von einem geschlossenen Ring selbstständiger Vororte umgeben. Es ziehen sich die Industriesektoren entlang von Verkehrslinien bis in die äußeren Stadtgebiete hin, die Wohnviertel folgen diesen. Dabei sind die Wohnortviertel erstens in verschiedene Einkommensklassen unterteilt, was in den USA als wichtigstes Merkmal des Sozialstatus angegeben wird. Zweitens wohnen in den verschiedenen Ringen auch Menschen unterschiedlichen Alters, da diese Gruppen auch unterschiedliche Bedürfnisse an das Wohnen stellen, kann man auch eine demographische Segregation feststellen.

Oft wird in den Vororten seitens der Administrative die soziale Segregation sogar gefördert, zum Beispiel durch hohe Grundstückspreise oder spezielle Bauvorschriften.
So beschreibt Holzner, dass in den äußeren Bereichen aufgrund der größten Grundstücke junge Familien mit Kindern leben. In den mittleren Bereichen ist das Durchschnittsalter der Bevölkerung höher. Weil hier die Grundstückspreise höher liegen, sind diese meist kleiner und die Bevölkerungsdichte höher. In der innersten Zone dieses Stadtmodells wohnen Menschen mit dem höchsten Durchschnittsalter und bilden die größte Bevölkerungsdichte, es gibt kaum Einfamilienhäuser.

Um den Central Business District verteilen sich einige Bereiche, in denen hauptsächlich Menschen der untersten Sozialklassen wohnen, oft bilden sich Slums und Ghettos.
In den unterschiedlichen Ringen haben sich außerdem eigene Kerne gebildet, in denen Shopping-Center, Industrie und Dienstleister etc. zu finden sind.

Das Modell der Viertelbildung ist den klassischen Modellen sehr nahe, zeigt aber noch heute vorhandene soziale Segregationen auf, die sich auch in deutschen Städten finden lassen. In der Abbildung von BLUME (S.22)[1] ist die Konzentration bestimmter ethnischer Gruppen zu erkennen, ein Vergleich mit einer deutschen Großstadt lässt Schüler einsehen, dass es auch in Deutschland eine erhebliche soziale und ethnische Segregation gibt. [siehe Anhang 6]
Anhand der Abbildung von KNOTH/STRICKER (S. 133)[2] kann man erkennen, dass bestimmte Viertel signifikant sozial schlechter stehen als andere.

---

[1]   BLUME, 1979, S.22
[2]   KNOTH, STRICKER, 1995, S. 133

11

5.2 Modell der US-amerikanischen Stadt (nach Hahn, 1991)

Dieses Modell beschreibt vor allem die Veränderung entlang der Verkehrslinien und die Verlagerung der Bevölkerung und der Industrie und des Einzelhandels, die diesen folgten. Den Randverlagerungen steht heute, seit den 80er Jahren, ein Bereich mit Hochhaus- und Wolkenkratzerbebauung in der Kernstadt gegenüber, in dem es etliche Arbeitsplätze im Dienstleistungssektor gibt. Um diese aufgewertete Downtown schließen sich Bereiche, in denen Minderheiten und Menschen der unteren Sozialklassen leben. Außerdem gibt es einige renovierte und wiederbelebte Wohnviertel durch Gentrification für einen Teil sozial höher gestellter Bevölkerung.

Das Modell beschreibt weiterhin, dass sich die Mittelschicht eher ringzonal Richtung Umland ausweitet, die Oberschicht hingegen eher sektoral.

Im ländlichen Umfeld schließen sich Wohngebiete an den Stadtrand an, die sich nicht mehr im Metropolitangebiet befinden.

Die Veränderung entlang der Verkehrslinien ist bei BLUME (S.341)[1] gut zu erkennen. Die Darstellung des Modells von HAHN (S.39)[2] ist reduziert auf die wesentlichen Aussagen, gut zu erkennen sind die Viertel der Minderheiten und Slums in der Nähe des CBD, die Entwicklung entlang von Achsen, der Flächenbedarf der Mittelschicht sowie die Verlagerung von Arbeitsplätzen. Ein solches Modell kann auch in einer 8. Klasse eingesetzt werden, da es durch seine Schlichtheit überschaubar bleibt aber dennoch komplexe Inhalte darstellt.

5.3 Modell Stadtland USA (nach Holzner, 1990/1996)

Durch die Suburbanisierung der Wohnbevölkerung vorwiegend weißer Bevölkerungsgruppen haben sich die Stadtlandschaft und die Raumfunktion stark verändert. Heute stehen dem Central Business District viele Außenstadtzentren gegenüber, die aus Shopping-Centren, dem Großhandel und Lagern bestehen, sogenannte Industrial Parks, und denen sich Arbeits- und Wohnfunktionen angeschlossen haben. So ist heute viel Bürofläche nicht nur im Central Business District sondern auch in den Außenstadtzentren zu finden.

Einige Außenstadtzentren haben so nicht „nur" an überregionaler, sondern sogar kontinentaler Bedeutung gewonnen, denn viele Großfirmen, Banken und andere haben ihren Standort nach

---

[1]   BLUME, 1979, S.341
[2]   HAHN, 1991, S. 39

dort verlagert. Durch die dadurch steigenden Bodenpreise kommt es nun auch in diesen Bereichen verstärkt zu Hochhausbebauung.

Schließlich, so Holzner, steigt ein solches Zentrum zu einer eigenen Stadt auf, da es sich völlig von der Kernstadt gelöst hat, es bildet sich eine „Edge City".

Im Schulbuch MENSCH UND RAUM 7/8 (S.109)[1] ist eine kleine Abbildung zu finden, die das Stadtland-Modell zeigt. Leider ist die Abbildung recht klein, dennoch aber lässt sich das wesentliche von Schülern erkennen. Der dazugehörige Text befasst sich mit den durch Suburbanisierung und Edge-City-Bildung entstandenen Riesenstädten.

Die Entstehung und durch ihre Größe Bedeutung der Edge-Cities ist auch gut zu erkennen, auf den Folien die ich von HAHN[2] angefertigt habe.

6. Heutiges Erscheinungsbild

Die Central Business Districts haben in den letzten Jahrzehnten weitgehend an Bedeutung verloren. Die Bausubstanz ist veraltet. Auf Grund der neuen Edge Cities in den Vorortgebieten und der Entstehung autofreundlicher Shopping-Centers nimmt die Bevölkerungssuburbanisierung zu, so dass der eigentliche Stadtkern seine Funktion verloren hat, sogar räumlich schrumpft.[3]

Der Umsatz des Einzelhandels in der Innenstadt macht heute nur noch 5% (Stand 2000) aus.

Pendelten die Bewohner der Vororte anfangs in die Innenstadt, um dort zu arbeiten, so ist die Zahl der Einpendler in die Edge Cities heute größer als die Zahl der Auspendler.

Früher waren die Suburbs reine Schlafstädte, heute überwiegt die Tagesbevölkerung, da die Menschen die Edge Cities als ihr Zuhause angenommen haben. Hier ist es relativ sicher, man hat eine komfortables Eigenheim und Kontakt zu den Nachbarn.

Während der Einkauf in den Downtowns mit weiten Wegen, Lärm und Parkplatzsuche verbunden war, vollzieht sich der Einkauf in den Malls der Vorortbezirke in einer angenehmeren Athmosspäre. Bei den Malls handelt es sich meist um einen ein- bis dreigeschossigen Gebäudekomplex, in dem zwischen 100 und 250 Supermärkte, Kaufhäuser, Einzelhandelsgeschäfte und andere untergebracht sind. Diese Malls bilden den Kern der Shopping-Center, die ganz auf den motorisierten Individualverkehr ausgerichtet sind. Mit den

---

[1]   MENSCH UND RAUM, 1998
[2]   HAHN, 1991
[3]   nach HEINEBERG, 2001

riesigen Parkplatzflächen übertreffen diese Anlagen die Flächen der alten Downtowns der jeweiligen Stadt um das drei- bis vierfache.[1]

Das heutige Erscheinungsbild zeigt die Veränderungen zur mobilen und flexiblen Dienstleistungsgesellschaft. Die individuelle Mobilität mit hoher Reichweite und die allumgebenden, jederzeit verfügbaren Telekommunikationsmöglichkeiten haben die Bewohner unabhängig gemacht und ermöglichen eine möglichst individuelle Wohnsituation. Gleichzeitig aber haben andere, die als Verlierer der Globalisierung dastehen, weniger Chancen und rutschen in ein soziales Abseits, das sich auch als geographisches Abseits zeigt. Wie schon im Vorwort angesprochen zeigen Vergleiche mit der eigenen Umwelt den Schülern auf, dass hierzulande ganz ähnliche Probleme entstanden sind oder entstehen könnten. Möglichkeiten und Risiken des Strukturwandels und der Globalisierung sind ein wichtiger Diskussionspunkt für die zukünftige Entwicklung der Schüler in deren Alltag.

7. Probleme nordamerikanischer Städte

Durch den Wunsch, außerhalb der Stadt zu leben, werden weite Landstriche für die Edge Cities zersiedelt. Staatliche Regelungen für eine geordnete Nutzung der Flächen gibt es kaum. Auch eine soziale Integration von ethnischen Minderheiten wird kaum umgesetzt. Ein religiöses Nebeneinander lässt man gelten, doch sozial Schwächere sind als Nachbarn in den Vorortgebieten nicht gern gesehen.[2]

So wird der Unterschied zwischen Arm und Reich immer größer und in den Innenstädten treten vermehrt Probleme auf: Es entwickeln sich Slums und Ghettos in den Central Business Districts und im übrigen angrenzenden Innenstadtbereich. Dieses Anwachsen führt zu vermehrter rassischer Segregation, zu baulichem Verfall und Verwahrlosung. In Washington D.C. machen solche Gebiete etwa 40% des Stadtgebietes aus. Diese Entwicklung wird bereits als „Hyper-Ghetto" bezeichnet.[1]

Die Gründe dafür lassen sich schon in der Zeit der Industrialisierung im 19. Jahrhundert finden, als sehr viele Menschen unterschiedlicher Nationalität in die USA einwanderten und schon sehr früh eine Segregation der Wohngebiete stattfand. Dazu kommen die Wanderungsbewegungen ehemaliger schwarze Sklaven und Nachkommen in die Städte im Norden und Osten, im Süden und Westen wandern besonders viele „Hispanics" ein.

---

[1]
[2]   nach ERTEL, GRIEHL u.a., 2000

Andere Gründe sind die fehlende soziale Absicherung in den USA und die Armut.

So müssen arme Bevölkerungsgruppen in die alten, „verwohnten" Häuser einkommensstärkerer Schichten einziehen, die unter anderem so schnell verfallen, weil es keine Investitionen für die Erhaltung der Bausubstanz gibt.[1]

Andere Probleme sind die Obdachlosigkeit (in New York etwa 20% der Bevölkerung), die hohen Kriminalitätsraten (höchste Rate in Washington D.C.) und Finanzkrisen der Städte *(aktuell besonders akut in Kalifornien)*.

Die Probleme in den Städten der USA sind in ihrem Ausmaß zwar (noch) nicht auf Europa zu übertragen, insofern den Schülern nicht aus eigener Erfahrung vor Augen. Doch in den Medien, auch in jugendzentrierten Medien und Kulturen, werden die Erfahrungen aus den US-Städten thematisiert. Zudem zeigen sich im vermeintlich fortschrittlichstem Land der Welt Dritte-Welt-Zustände, das wirft auch Fragen nach der sozialen und ethnischen Segregation und damit zuletzt auch über das gesellschaftliche System dahinter auf. Die heutigen Probleme sind Ausdruck eines Strukturwandels, der als Globalisierung die ganze Welt ergriffen hat und zu neuen Bedingungen des Miteinanders führt. In der Schule sollen solche Probleme nicht nur erkannt und diskutiert werden, auch sollte eine Angst vor der Zukunft genommen werden; es sollten positive Lösungsmöglichkeiten entwickelt und aufgezeigt werden. So werden diese Probleme zu behandelbaren Objekten in der Schülerwirklichkeit.

Die Schulbuchdoppelseite aus TERRA 8 (S.80/81) thematisiert vor allem die Belastungen durch den Individualverkehr und die Ballung von Menschen auf einen Raum. Es wird auf fehlende Steuerungen hingewiesen und es werden Lösungen zur Wiederbelebung zur Diskussion gestellt.

Mit Hilfe der Materialien von KNOTH/STRICKER (S.133/134)[2] lässt sich die Ausbreitung von Armut und der Zusammenhang mit Arbeitslosigkeit am Beispiel Chicagos erkennen [M2 und M3]. Die Tabellen und die Grafik [M4 – M6] zeigen starke demographische Zusammenhänge auf, die in ähnlicher Weise wohl auch in Deutschland zu beobachten wären.

---

[1] nach LICHTENBERGER, 1975 und HAHN, 1991
[2] KNOTH, STRICKER, 1995

15

C Didaktischer Teil

1. Die Umsetzung im Unterricht

Bereits in meinen Sachanalyse gebe ich zahlreiche Hinweise, wie das Thema in Schulbüchern behandelt wird und weise auf Umsetzungsmöglichkeiten hin.

In diesem Abschnitt möchte ich auf die Vorgaben des Lehrplans eingehen, die Relevanz des Themas zu diesen Vorgaben zeigen und drei konkrete Unterrichtsbeispiele liefern.

2. Das Thema im Lehrplan des Faches Erdkunde

„Die Schülerinnen und Schüler bringen Erfahrungen von Reisen im In- und Ausland, Kenntnisse populärwissenschaftlicher Art, z. B. aus Kinderlexika, Ausstellungen und Fernsehsendungen, (...) mit. Der Erdkundeunterricht knüpft im besonderen an den Heimat- und Sachunterricht der Grundschule an und leitet die Kinder an, sich mit der sozialen, technischen und natürlichen Umwelt auseinander zusetzen. Ausgangs- und Bezugspunkt ist der tatsächliche Erfahrungsbereich der Kinder."[1]

So steht es in den *Fachlichen Konkretionen* zur *Lernausgangslage* des Lehrplans für das Fach Erdkunde. In Bezug auf das Thema US-amerikanische Stadt sind die Erfahrungen wohl zumeist weniger Reiseerlebnisse als viel mehr Medienerfahrungen jeglicher Art. Doch sollten Schülerinnen und Schüler Unterschiede zu bekannten deutschen oder europäischen Städten erkennen können.

2.1 Auseinandersetzung mit den Kernproblemen

„Kernprobleme artikulieren Herausforderungen und Aufgaben, wie sie sich sowohl in der Lebensgestaltung des einzelnen als auch im gesellschaftlichen Handeln stellen. Im Rahmen der in § 4 SchulG niedergelegten Bildungs- und Erziehungsziele und der dort genannten geschichtlichen Bezüge soll die Auseinandersetzung mit diesen Kernproblemen den Schülerinnen und Schülern Verantwortungs- und Handlungsräume eröffnen."[1]

Mit dem Thema US-amerikanische Stadt können Kenntnisse über die Kultur vermittelt werden, die ein „Verstehen fremder Lebensformen" ermöglichen.

Neben den faszinierenden amerikanischen Landschaften müssen auch große Zersiedlung, starke Bodenversiegelung, verschwenderischer Energie- und Ressourcenverbrauch und andere Probleme berücksichtigt werden. „Die Folgen menschlicher Eingriffe" sollen erkannt werden, um ein Bewusstsein für den *Erhalt der natürlichen Lebensgrundlagen* zu schaffen.

---

[1]   Lehrplan SH, Fach Erdkunde, 2 Fachliche Konkretionen, 2.1 Lernausgangslage

Der Wandel der amerikanischen Stadt ist ein Musterbeispiel für *Strukturwandel*, so sind die Auswirkungen direkt in den räumlichen Verhältnissen ablesbar.

Auch die Bereiche *Gleichstellung* und *Partizipation* können an Hand von US-amerikanischen Städten aufgezeigt und thematisiert werden, zum Beispiel in Bezug auf demographische Segregationen oder ethnische und Hautfarben-bezogene Trennungen.

2.2 Fachliche Konkretionen – Themenübersicht

Der Lehrplan des Faches Erdkunde sieht für die Klassenstufe 7 unter dem Thema *„Wie viele Menschen trägt die Erde?"* den Inhalt *„1492-1992: Fünfhundert Jahre Europäer in Amerika"* vor und schließt damit an das Thema *„Weltmacht USA"* an. Unter diesem Thema gibt es mehrere Inhalte, in denen das Thema Stadt behandelt werden könnte, vor allem aber gibt es den Inhalt *„New York – Schmelztiegel der Nationen?"*.

Später in der 10. Klasse kann dann unter dem Inhalt *„Stadt und Umland"* an erworbene Kenntnisse über die amerikanischen Städte angeknüpft werden.

3. Vorschläge für den fächerübergreifenden Unterricht

Der Lehrplan fordert ausdrücklich fächerübergreifenden Unterricht, dabei kann der Erdkunde-Unterricht mit fast allen Fächern kombiniert werden.

Zum Thema us-amerikanische Stadt wären Verknüpfungen mit anderen gesellschaftspolitischen Fächern wie Wirtschaft/Politik, Weltkunde oder Wirtschaftslehre genauso möglich wie mit Sprachen-Fächern, vor allem Deutsch und Englisch, aber auch Texte in anderen Sprachen können über das Thema referieren oder dazu hinleiten. Authentische Texte in englischer Sprache können als Grundlage dienen. Oder es werden Texte zum Thema verfasst, im Erdkunde-Unterricht im Normalfall auf Deutsch, dabei können aber auch abweichende Sprachen oder Textformen verwendet werden, zum Beispiel ein Bericht als Brief geschrieben.

Beispiel 1: ethnische Segregation

(Diercke Weltatlas, S.196f, Diercke Handbuch, S. 284ff)

(Mensch und Raum 7/8, S. 106/107)

---

[1]   Lehrplan SH, Fach Erdkunde, 1.2.1 Die Auseinandersetzung mit Kernproblemen

An Hand der Karten im Atlas können Schülerinnen und Schüler Erkenntnisse gewinnen über die Bedingungen der Trennung von Schwarzen, Puertorikanern und anderen, vorwiegend Weißen.

Die Karte S.197, Nr.1 zeigt die verstärkte Konzentration von farbiger Wohnbevölkerung in Manhattan, gleichzeitig lässt sich ablesen, dass die Gebiete der Schwarzen überwiegend mit altem Baubestand besetzt ist. In der Karte S.196, Nr.1 lässt sich sehen, dass diese Gebiete zudem eine geringe Wohndichte besitzen und nicht an wichtigen Handelsstandorten liegen. Die Karte Nr.2 zeigt auf, dass die Gebiete mit schwarzer Bevölkerung als besonders gefährlich erscheinen.

Diese Erkenntnisse könnten als Hintergrund oder Grundlage dienen bei der Erarbeitung von Rassenkonflikten oder Rassentrennung.

Die Schulbuchdoppelseite aus MENSCH UND RAUM zeigt am Beispiel New Yorks die Probleme durch Multinationalität, Armut, Arbeitslosigkeit und Wachstum.

Beispiel 2: Armut
(Knoth, Stricker, Fraedrich, Lebensraum Stadt: Raum zum Leben, S. 132ff)

Mit den Materialien M2 und M3 können Veränderungen, d.h. insbesondere der Anstieg von Arbeitslosigkeit und Armut, erkannt werden, zudem sind Parallelen erkennbar.

Die Tabellen M4, M5 und M6 zeigen auf, welche sozialen und/oder ethnischen Gruppen besonders betroffen sind. Dabei fällt auf, dass zwar die Armutsrate gesunken ist, die absolute Armut aber gestiegen ist. Die meisten Armen wohnen noch in den Innenstädten, doch auch in den Vororten steigt die Armut stark an.

Das Thema Armut kann in vielen Fächern im Unterricht vorkommen. Dabei ist zu beachten, dass die Armut in amerikanischen Städten Platz findet und nicht (nur) an klischeehaften Orten. So kann das Thema auch als Teil des Strukturwandels behandelt werden oder im Zusammenhang mit dem amerikanischem Sozial-, Gesellschafts- und Politiksystem.

Beispiel 3: Strukturwandel
(Cornelsen, Aktuelle Landkarte 4/96. Die nordamerikanische Stadt – Olympia 96 in Atlanta)
(TERRA 8, S 76/77)

Cleveland ist für andere amerikanische Städte ein Musterbeispiel für einen (vorerst) gelungenen Strukturwandel. Nach dem Untergang der Stahlindustrie zerfiel die Stadt, es gab

Straßenunruhen, Ghettos entstanden. Durch ein Zusammenschluss privater Unternehmen wurde ein Wandel herbeigeführt, dennoch aber bleiben Probleme wie eine hohe innerstädtische Armut.

Das Textmaterial ist umfangreich und unaufbereitet nicht für den Unterricht geeignet, unterstützende Grafiken, Tabellen und ähnliches wären hilfreich.

Aber dieses kann als Beispiel gelten für gestalteten Strukturwandel, und anknüpfen an Fragen der Wirtschaftslehre bzw. von Wirtschaft/Politik.

Das Beispiel aus TERRA 8 spricht in sehr reduzierter und knapper Form mehrere Aspekte der Verstädterung an, darunter auch den Strukturwandel zur Dienstleistungsgesellschaft..

Dieses sind nur drei Beispiele für verschiedene Inhalte, mit denen sich andere Fächer verknüpfen lassen.

D Literaturliste

- Blume, H.: USA. II die Regionen der USA. Darmstadt, 1979
- Breßler, C.: Stadtgeographische Modell- und Theorieansätze, http://userpage.fu-berlin.de/~bressler/geoskript/index.htm
- Cornelsen: Aktuelle Landkarte: Die nordamerikanische Stadt – Olympia 96 in Atlanta, 4/96
- Diercke Handbuch. Materialien, Methoden und Modelle zum Diercke Weltatlas und Diercke Weltatlas, Ausgabe 2. 2.Auflage, Braunschweig, 2000
- Diercke Weltatlas, 4. akt. Auflage, Braunschweig, 1996
- Ertel, H.C., Griehl, U., Neumann, J., Theißen, U.: Die USA. Abiturwissen Erdkunde. Freising, 2000
- Fox, K.: Metropolitan America, London, 1985
- Hahn, R.: USA, 2.Auflage. Stuttgart, 1991
- Heineberg, H.: Grundriß Allgemeine Geographie: Stadtgeographie. 2. Auflage. Paderborn, 2001
- Hofmeister, B., Friese, H.W.: Die USA – Wirtschafts- und sozialwissenschaftliche Probleme. Frankfurt aM, 1976
- Holzner, L.: Sozialsegregation und Wohnviertelsbildung in amerikanischen Städten. Würzburg, 1972
- Holzner, L.: Stadtland USA. Gotha, 1996
- Informationen zur politischen Bildung: USA: Geschichte, Gesellschaft, Wirtschaft, Heft 268
- Klohn, W., Windhorst, H.-W.: Vechtaer Materialien zum Geographieunterricht. Bevölkerung und Siedlung in den USA, http://www.ispa.uni-vechta.de/publications/VMG/vmg4.html
- Knoth, P., Stricker, B., Fraedrich, W. (Hrsg.): Lebensraum Stadt: Raum zum Leben?. München, 1995
- Mensch und Raum. Geographie. Realschule/Gymnasium. Schleswig-Holstein. 7/8. – Berlin, 1998
- Riege, H: Nordamerika. Band 2: Wirtschaft, Gesellschaft, Religion, Erziehung. München, 1978
- TERRA. Erdkunde für Realschulen in Schleswig-Holstein. 8. Schuljahr. – Stuttgart, 1987

E Anhang

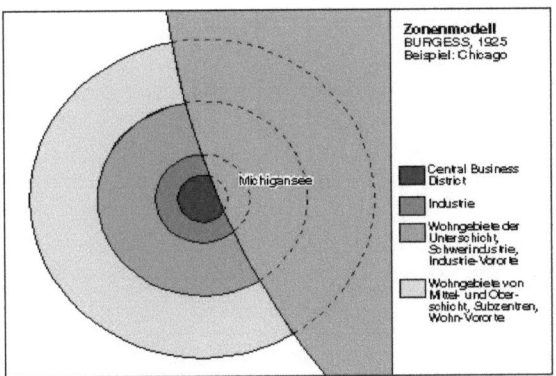

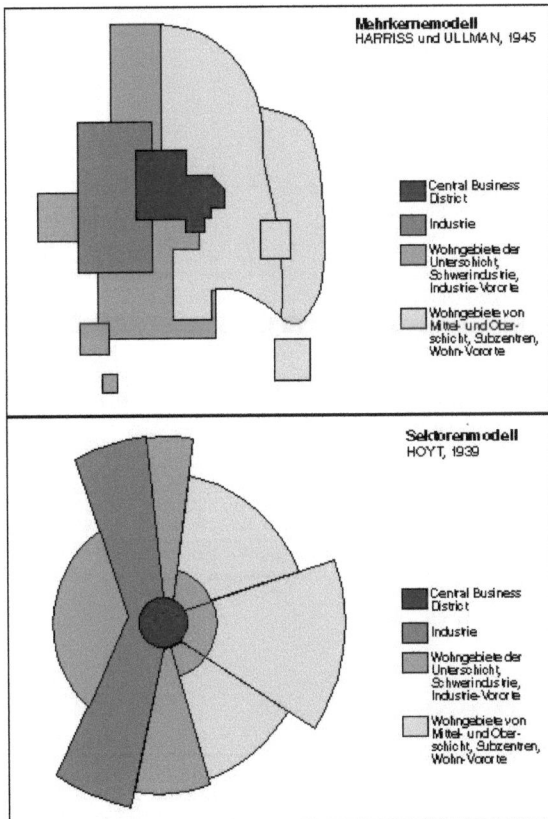

nach: http://de.wikipedia.org/wiki/Stadtmodell